Este libro le pertenece a:

_____

Este libro está dedicado a mis hijos - Mikey, Kobe y Jojo.

Copyright © 2022 Grow Grit Press LLC. Todos los derechos reservados. Ninguna parte de este libro puede ser reproducida en ninguna forma sin el permiso por escrito de la editorial. Por favor, envíe solicitudes de pedido al por mayor a growgritpress@gmail.com Impreso y encuadernado en los Estados Unidos. NinjaLifeHacks.tv
Paperback ISBN: 978-1-63731-418-0 Hardcover ISBN: 978-1-63731-419-7

* Este libro no está destinado a dar consejos sobre compras de acciones ni promociona ciertas acciones. Consulte a su asesor financiero.

Ninja Life Hacks™

También puedes ganar dinero a través de la apreciación cuando tus bienes raíces o activos ganan valor. Un activo es cualquier cosa que pone dinero en tu bolsillo. En comparación, una responsabilidad es algo que toma dinero de tu bolsillo.

¿Así que los bienes raíces son un activo?

Si, puede ser. Enfoquémonos en el Ninja Chef, quien abrió un **negocio** - un restaurante.

Ese es otro tipo de inversión que puede poner dinero en tu bolsillo cada mes. Hay muchos tipos de negocios diferentes- constructores de casas, gimnasios, tiendas de juguetes y mucho más.

Otra forma de invertir es a través de las acciones. De eso se trata este concurso. Elegimos 10 acciones y si nuestras 10 acciones dan mejores retornos que todos los otros equipos, ganamos.

¿Qué es un retorno?

Al día siguiente, acordamos las cinco acciones y las presentamos a la competencia.

Pasaron unas semanas y un día recibimos una carta.

En ella, la carta decía...

¡Buen trabajo, Ninjas Inversionistas! Ustedes son los ganadores. Han vencido a otros 20 equipos, incluyendo equipos compuestos de estudiantes universitarios. ¡Bien hecho!

El recordar los tres vehículos de inversión podría ser tu arma secreta en la creación de riqueza.

Diccionario de conocimientos financieros

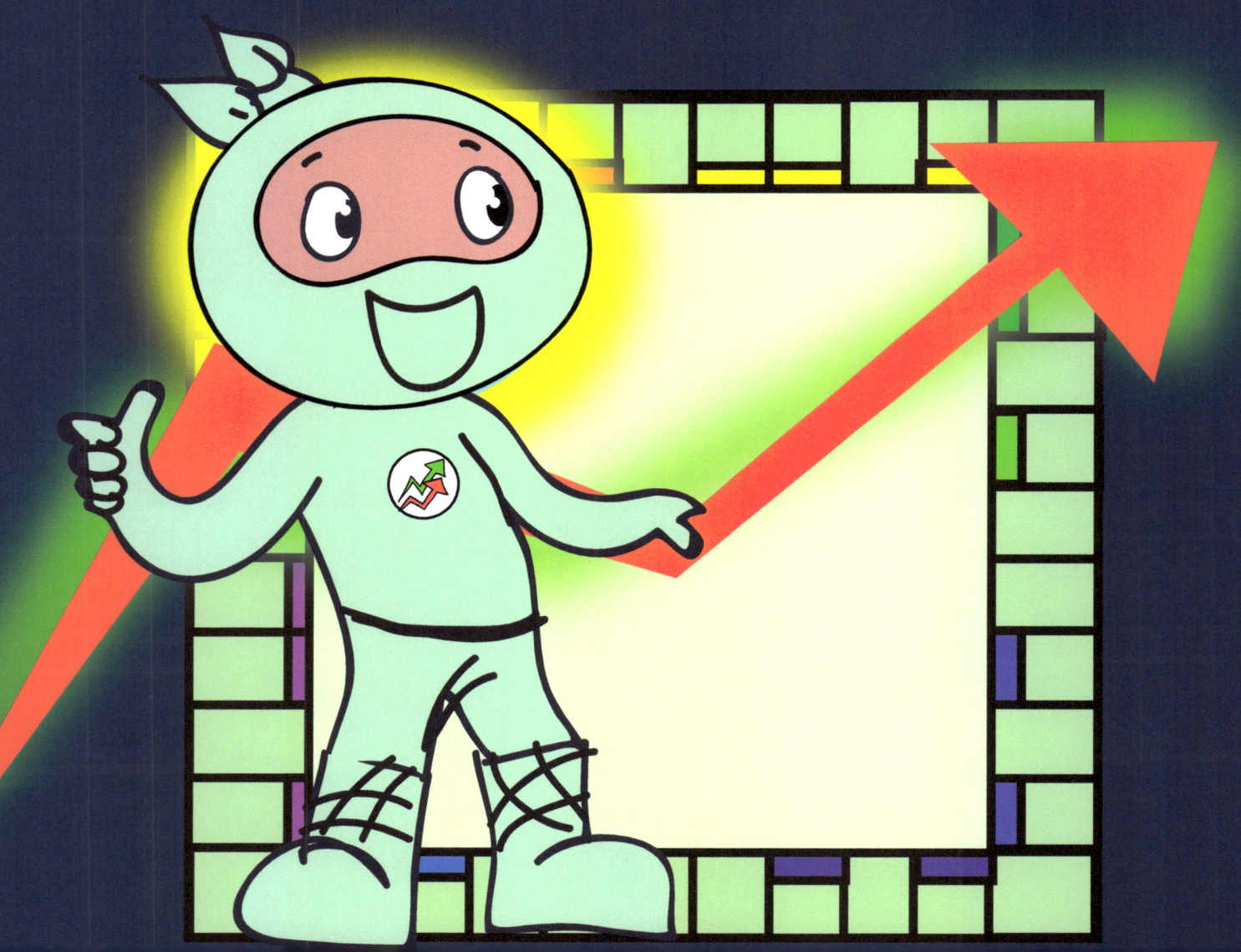

La apreciación es un aumento en el valor de un activo a lo largo del tiempo.

El activo es algo valioso que pone dinero en tu bolsillo.

Flujo de caja es la cantidad de dinero dada o recibida por una empresa.

Interés compuesto significa que el dinero que ganas se reinvierte para darte aún más dinero.

Diversificar significa invertir en diferentes empresas de diferentes sectores o campos.

El interés es el dinero que ganas o pagas por el activo o pasivo.

La inversión es un activo adquirido o invertido para crear riqueza.

La responsabilidad es algo que cuesta dinero o toma dinero de tu bolsillo.

Cartera es una gama de inversiones en manos de una persona u organización.

El beneficio es la ganancia financiera de la actividad comercial menos los gastos.

El retorno es el beneficio de una inversión.

El símbolo de cotización es una serie única de letras asignadas a un valor para fines comerciales.